AF416317

¿Por qué no puedo escucharle?

Kindle Direct Publishing

Paperback edition 2020

Amezcua

¿POR QUÉ NO PUEDO ESCUCHARLO?

Introducción

Tengo recuerdos de muy pequeño, estimo que a partir de los 10 meses. Mi madre trabajaba y cuando llegaba me hacía mimos, me susurraba al oído: "te traje una cosita". Yo lo relacionaba con una figura de un elefante de plástico, parecido al ámbar, un dije que alguien puso una vez en mis manos. Cada vez que una persona quería hacerme un regalo, o decía que tenía algo para mí, yo esperaba recibir esa figurita. También recuerdo que otra persona me decía, que si no dejaba de llorar, el hombre que recogía la basura me llevaría, ya identificaba quien recogía la basura, el barrendero, vestido de color naranja, que la abuela saludaba todas las mañanas, cuando me pedían que dejará de hacer algo molesto, en un tono que yo percibía amenazante, lo relacionaba automáticamente con el barrendero acechándome, para llevarme en caso de que no dejará de hacer lo que me pedían.

Desde temprana edad había ya en mí una confusión, en la comunicación con los demás, mis expectativas y las de ellos eran distintas, al igual que los temores que tenía, eran irracionales. Aunado a expectativas diferentes, temores infundados, existía un tercer factor: La incertidumbre. A la hora de las recompensas: ¿Está vez si me darán la figura de plástico?, tocante a los castigos: ¿Ya los habré colmado y esta vez sí me llevará el barrendero?

Por si fuera poco, el lidiar desde pequeño, con expectativas equivocadas, esos temores infundados basados en castigos que nunca llegaron (nunca apareció el barrendero para llevarme por desobediente), apareció otro platillo en el menú: Un ser invisible. Era una mezcla de mis familiares directos, haciéndome regalos que ellos querían, pero yo no (entiéndase el dije de plástico en forma de elefantito color ámbar que no apareció de nuevo en mi vida), este ser me daba lo que él decía que necesitaba, no lo que yo quería. No se andaba por las ramas, no contaba con un carrito para llevar la basura y niños desobedientes, él tenía un lugar lleno de fuego ardiente, y seres malignos que me torturarían día y noche, a ese sitio me enviarían al morir, si no obedecía.

En su defensa, no recuerdo que él me hubiese mandado o dado algo de manera directa, eran las demás personas, por lo regular figuras de autoridad, las que me decían (ante cualquier comportamiento que juzgaban indebido, quejarme por la comida o ropa que recibía), que este ser me había mandado lo que tenía, por lo tanto, no debía ser malagradecido, y tenía que comportarme de acuerdo a unas normas impuestas por él mismo.

Ahora bien, supongamos que, en algún estadio de mi vida, quisiera tener una especie de contacto, comunicación con este ser del que me hablaban, si quiero que sea efectiva, tendría que primero cambiar algunas creencias antes de acercarme a él. Debo aclarar que hablo de una comunicación efectiva, de dos vías, en donde ambos lados enviamos mensajes y respondemos. En lugar de tocar temas superficiales, como son: si en verdad existe, si habla, cómo se debe de acercar uno a él o si debo hacer alguna especie de ritual. Considero que es prioritario contestar las siguientes preguntas:

- ¿En verdad quiero relacionarme con él?

- ¿Por qué?

- ¿Para qué?

- ¿Qué concepto tengo de él?

- ¿Estoy dispuesto a cambiar ese concepto?

- ¿En base a que cambiaría ese concepto?

Para justificar por qué considero que el contestar estas preguntas, me pueden ayudar a entablar una comunicación con este ser, pondremos un ejemplo.

Llega un jefe nuevo a la empresa en la que laboras, tiene fama de autoritario e inflexible, además de que no se puede hablar con él. Pasa un año y tu sostienes que tu jefe es así, pero cuando haces un análisis más detallado de la relación que llevan, te das cuenta que han hablado dos veces en un año, y que la verdad no se portó contigo acorde a la fama que tiene. Si tu desearas conocerlo mejor, te ayudaría contestar las preguntas:

¿En verdad quiero relacionarme con él?

R= Si

¿Por qué?

R= Trabajamos en la misma empresa, y lo que hago está en función de lo que el determina, si no tenemos una buena comunicación, entre otras cosas, corro el riesgo de trabajar doble, hacer algo que él no pidió, ò si lo solicitó, pero lo requiere de otra forma.

¿Para qué?

R= Para obtener beneficios, llevo tiempo en la empresa y no me han subido el sueldo, empleados nuevos con el mismo puesto, ganan más que yo. Él es una aduana que hay que pasar, un aumento lo tendría que autorizar él.

¿Qué concepto tengo de él?

R= Honestamente, apenas hable con él dos veces desde que llegó y fue una charla de rutina. No tengo algún concepto, y en tal caso, lamentablemente basado en chismes y habladurías de los compañeros.

¿Estoy dispuesto a cambiar ese concepto?

R=Si

¿En base a qué cambiara ese concepto?

R= En base al trato real que tengamos, no puedo formarme uno hasta que conviva con él. Esta convivencia será estrictamente laboral, a menos que el trate temas personales estándar.

Este escrito, se basará en aplicar las preguntas anteriores a la relación con este ser invisible, que las personas llaman Dios. Este no es un tratado filosófico sobre el ser de Dios, tampoco una apología sobre su existencia, y mucho menos un método infalible, para obtener tal o cual cosa.

No está de más mencionar que tampoco es una defensa a ultranza de su existencia, en tal caso, si existe y es quien dice ser, tiene la capacidad suficiente, incluso de sobra, para manifestársele a quien considere pertinente.

Al terminar de leer este escrito, no te garantizo que te acercaras a Dios, y veras una luz blanca, escucharás alguna voz, o se manifestarán en tu vida milagros que la harán más fácil o placentera. Creo que sobre lo anterior ya existen muchos libros, ofreciendo eso.

Lo que planteo es un punto de vista de la comunicación con Dios, desde otro ángulo, reduciéndola a su mínima expresión, utilizando el sentido común, retirando los fuegos artificiales, dejándola como es: Dios y el hombre comunicándose, transmitiéndose mutuamente ideas, pensamientos y sentimientos.

No te estoy ofreciendo un método mecánico para comunicarte de manera afectiva con otro ser pensante, en este caso Dios. Las relaciones no funcionan así.

Si llegas con un libreto escrito, te plantas delante de otra persona, y tratas que se ajuste a eso, cuando menos te mirará raro. Quien te quiera vender lo contrario, lo único que lograra es producir en ti frustración.

No es un tratado teológico, pero tampoco estoy en el otro extremo, utilizando nombres como el cosmos, el universo, el destino, u otras palabras que usan en la actualidad para referirse a Dios. Que por cierto, a mi parecer, manejan esos términos, pero los personifican, dan a entender que el universo piensa o conspira a tu favor, el cumplirá tus deseos, pero dan a entender que no razona lo suficiente como para que puedas entablar una relación con él.

Las personas no corren cuando les mencionas la palabra Dios, se van cuando lo sacas del plano de su realidad, y todo termina en objeciones hacia su forma de pensar o actuar.

La premisa entonces es la siguiente, es posible mantener una comunicación con Dios, es decir poder hablarle y que Él conteste, y viceversa. Planteo en el desarrollo de este escrito, el enfoque para poder entablar dicha comunicación.

Comencemos por el principio

Antes de aplicar las preguntas planteadas en la introducción, a Dios, comencemos por definir qué o quién es Él. No utilizaré una definición teológica, basada en algún credo en particular, utilizaré una estándar, tomando los puntos en los que concuerdan la mayoría de los que definen el termino Dios.

a) Es una persona. Tiene carácter, personalidad, deseos, voluntad, piensa, siente.

b) Él es la autoridad máxima del universo. Si existiera un organigrama universal, el sería el director general.

c) Es inmortal.

d) El creó el universo.

e) Lo sabe todo.

f) Está en todas partes.

g) No se le puede describir.

Es importante tener en cuenta, todos estos rasgos que históricamente han definido a Dios, puesto que la comunicación con Él, de entrada, por las diferencias en el ser, harán que sea más o menos como la que yo tenía con mis familiares a los 10 meses de edad.

Para que pueda haber una comunicación, primeramente, Él tendría que ponerse a mi nivel, en caso de que me conteste, quizá yo ni le entiendo, y si le entiendo será a mi manera. Ya que entramos en harina, pondré otro ejemplo:

Yo no soy Físico, y si un prominente Físico, premio Nobel en su rama, quisiera hablar conmigo sobre ese tema, tendría que utilizar Física a un nivel universitario, hasta ese punto llego, si él no considera eso, puedo fingir que le entendí, para intentar conservar mi dignidad, pero si me preguntara sobre la explicación que me dio, al escucharme se podría dar cuenta que lo capté mal, o de plano me quedé en la introducción.

Bueno, queda claro hasta aquí, que, si se da una comunicación con Dios, no podré ponerme a su nivel de comprensión, el tendrá que bajarse al mío.

En este punto creo que se atoran muchas personas, que se frustran en su relación o comunicación con Dios, plantean: Le hablo y no me contesta. ¿No cabría la posibilidad de que talvez si lo hace, pero eres tú el que no le entiende, por más que él te conteste?

Me estoy acercando a una persona que me supera en edad y experiencia (es eterno), en conocimientos (lo sabe todo), no existe en él la neurosis que tiene todo ser humano, debido a la muerte que nos espera y peor aún que no sabemos cuándo (es inmortal).

Podemos resumir por lo planteado hasta este momento, que la comunicación con Dios, partiría de Él hacia nosotros, o si tomáramos la iniciativa, sería el equivalente a berridos o monerías de un bebe, vistas por un adulto, que se acercaría a tratar de consolarnos o mimarnos.

¿En verdad quiero relacionarme con él? ¿Por qué?

12

Si continuaste leyendo hasta este punto, doy por sentado de que la respuesta a la primera pregunta es un sí (igual y no rotundo, pero bueno igual es un sí). Comenzamos con lo árido del asunto, ¿Por qué deseo comunicarme o relacionarme con Dios? Tomemos en cuenta que nos acercamos o acercaremos a un ser que por definición lo sabe todo, incluidas nuestras intenciones. Por lo tanto, si no tengo bien claro el porqué de mis intenciones, esto limitaría mi comunicación. A continuación, te mostraré algunos de los motivos más comunes, que podrían impulsarnos a comunicarnos con Dios.

Porque tengo miedo

Yo me acerque al principio de mi vida, durante la infancia, adolescencia, y parte de mi vida adulta, por temor. Tenía que hacerlo, porque de lo contrario Él se enojaría, o cuando menos no podría prosperar. Dios era una aduana que había que pasar, se contentaba con rituales, si me aparecía en un lugar específico, en cierto día de la semana, y celebraba rituales en su nombre, prosperaría. El miedo es una sensación de que algo malo ocurrirá, una desgracia, algo inesperado. Este miedo puede ser desde sufrir algún accidente, ser despedido del empleo, que se muera algún familiar, enfermar, etc. Como hablamos de un ser con tanto poder, pues más me valía no dudarlo, y mejor ceder, total eran cuando mucho unas dos horas a la semana.

Esta actitud la podemos comparar, con la de un marido que saca la basura, o realiza alguna tarea del hogar, aunque no quiere, con tal de no escuchar los reclamos de su pareja si no lo hace. No hay convicción.

También puede ponerse a platicar con ella, a regañadientes, después de que le han reclamado su falta de comunicación.

Esta actitud se logra notar, y es molesta, sobre todo impide en primer plano, la comunicación fluida entre simples mortales, imagino o deduzco que, si Dios como lo dicen la mayoría de las definiciones, es una persona, no le sería muy grato, mucho menos le sería cómodo entablar una plática, con alguien que se acerca hacia Él, con tal de que no perturbe su vida.

Si Dios me digiera que no tiene problema alguno conmigo, que lo que padezca en la tierra es únicamente por consecuencia de mis actos, o en caso de enfermedades, que por simples estadísticas es probable que como cualquier mortal me enferme y que lo anterior no está en función de acercarme o no a Él. Aun así, ¿querría buscarle?

Porque quiero una vida más fácil

Igual y si me junto con el listo de la clase, finjo que me cae bien, paso algunos recreos juntos (por más teto aburrido que sea), pues el día del examen me compone la plana, me pasa algunas respuestas y paso sin estudiar, si, así como suena de duro y cruel (a veces la realidad es esa) sin haber estudiado tan siquiera una bendita línea de un libro. El creer que obtengo algún tipo de ventaja sobre natural sobre mis semejantes, por el simple hecho de relacionarme con Dios es otra causa que puede impedir el flujo de una relación.

Continuando con la lluvia de ejemplos. Si conoces a una persona, con la que apenas tienes algo en común, digamos que los presentaron en una fiesta, resulta que, te enteras que esta persona es un político muy influyente.

De repente intentas tener acercamientos con él, bastante forzados, y se te nota hasta con GPS, solo lo buscas por obtener algún tipo de favor, directamente de él, o en su defecto de los demás, al enterarse que entablas una relación con tu "amigo", el político influyente.

Esto es algo chocante y notorio, sobre todo para el político, que igual y con el tiempo, ya se acostumbró a que aparezcan ese tipo de personas que solo quieren obtener algo de él, por educación e imagen pública no los batea, pero ganas no le faltan.

Se puede formar en mí la idea, que una serie de ritos, el invertir tiempo en leer libros sagrados, y una que otra penitencia, suplen el estudio, trabajo y esfuerzo honesto.

Si me plantearán que no obtendré beneficio alguno, o mejor dicho ventaja alguna con respecto a mis semejantes, que lo que obtenga será por mi talento y esfuerzo ¿Aun así querría buscarle?

Porque dejo de sentirme culpable

Esta es una de las causas más peligrosas, igual y me siento culpable por muchas cosas que hice o hago en mi vida, y albergo en mi interior la idea, que será una especie de compensación. Dañe a mi prójimo, le cause algún mal, y en lugar de reparar o enmendar directamente al agraviado, prefiero ahogar la culpa con ritos religiosos. Este tipo de confusión, le ha dado históricamente a las personas religiosas esa imagen, que aman a Dios al que nunca han visto, pero detestan al prójimo que si lo ven. Es una contradicción, no se puede hacer lo uno sin lo otro, si dices tener una muy buena relación con Dios, por lógica con tus semejantes te será más fácil relacionarte y estar en paz con ellos.

Si Dios mismo te planteará, que no mezcles las cosas, si le debes a una persona págale, si ofendiste pide disculpas, si robaste regresa lo hurtado, en caso de que quieras estar en paz, y no tener culpas.

Una cosa es como te llevas con tu prójimo y otra con Dios, el acercarte a Él no te hace menos responsable socialmente, no podrás expiar tus culpas por el simple hecho de hablar con Dios, o decir que tienes una relación cercana, comunión o como quieras llamarle. ¿Aun así querrías buscarle?

Por qué tengo un gran problema que no puedo resolver

Te encuentras en una situación desesperada, pero en verdad desesperada y dos rayitas por encima de eso, al grado que, aunque no es fiel a tu costumbre, estas abierto a sugerencias, incluso si vienen de parte de tu suegra, a ese grado de ansiedad te encuentras. Alguien te cuenta, que en algún momento estuvo en la situación que tú estás, e incluso lo tuyo es un juego de niños y a él o ella le dieron el consejo de recurrir a la artillería pesada, ni más ni menos que pídele a Dios. Te dicen que no hay bronca con Él, y así comienzas tu travesía, te acercas a Dios por que necesitas algo urgente. Desde este ángulo, podría ocurrirte que, a partir de ese momento, solo lo mires como un proveedor, dispuesto a no cuestionar tus decisiones, y esperas que te ayude. Independientemente de si podrías haberte anticipado a los hechos, para no estar pasando por situaciones desesperadas.

No veo algo malo en pedir. Un chico de aproximadamente 8-9 años de edad, viene de vez en cuando a la casa, toca y pide abiertamente comida, agua o una moneda.

Siempre ofrece hacer algún tipo de servicio, a cambio, barrer la entrada, tirar la basura, lo que sea. No aceptamos su oferta, le damos lo que podemos, sin necesidad de que haga algo a cambio. El no aceptar el trato que ofrece, se debe a que es un niño, y en estricto orden, pues no deberían de trabajar, en un mundo más justo, estaría en la escuela y sin necesidad de andar pidiendo caridad. Si en lugar de ser un niño, se tratara de un adulto, con capacidad para trabajar, y repitiera esto constantemente, pues la posición sería, por qué no busca alguna manera de ganarse la vida.

Si solo me acerco a Dios con la intensión de pedir, igual y lo termino viendo como un almacén celestial, dispuesto a mover cielo mar y tierra, con tal de que no pase por situaciones que en algunos contextos igual y me ayudan a forjar un carácter más adulto, maduro, firme. Desde este enfoque, si me acerco a Dios es solo para que cubra mis necesidades, o para que me saque de embrollos. Le pido y no ocurre algo milagroso, lo que indica que tendré que irme por la ruta larga, es decir, afrontar lo que haga falta yo solo para salir adelante, redoblar esfuerzos. Aunque no cubra esa necesidad ¿Le seguiría buscando?

Porque busco sentir que pertenezco

Esto puede ocurrir con mucha frecuencia. Igual y en casa me inculcaron alguna visión religiosa acerca de Dios. Conozco varios rituales, para buscar algún tipo de comunicación Con Él, pero terminan volviéndose una costumbre rutinaria, sin sentido. No experimento una verdadera comunicación, siento que es a una sola vía, yo hablo, y tal parece que Él no escucha, o peor aún, si lo hace, pero siento que le soy indiferente. Fuera de esos rituales, no hay algún deseo de tener una relación. Invaden sentimientos de soledad, de desamparo, desorientación, pero por fuera digo que busco a Dios, que pertenezco a una religión, más en el fondo, no creo que nuestra relación (si es que existe), sea lo más óptima. El sentir que pertenezco a un grupo de personas, que tienen el mismo punto de vista que yo, con respecto en este caso a Dios. Puede hacerme sentir bien por momentos, la compañía, la camaradería.

Lo anterior se acentúa, al escuchar que la mayoría de las exhortaciones de los ministros religiosos hacia los miembros, es su falta de devoción, o entrega en prácticas que precisamente permiten hablar con Dios, como la oración. Los miembros simplemente admiten, que fuera del recinto religioso, no intentan acercarse a Dios, de manera individual. Si de repente, por alguna cuestión fuera de mis manos, la religión desapareciera, o no pudiera reunirme con ellos por un tiempo ¿Le seguiría buscando?

Porque maduré

Comenzaré aclarando que la madurez y la vejez no son sinónimos en este caso. No hablo de la madurez como edad, personas a partir de "X" ò "Y" edad. Me refiero a un estado en el que el ser humano, tiene asentado el carácter y la personalidad. Esto puede ocurrir incluso en la juventud. Hay jóvenes que se portan con mucha madurez, que actúan de acuerdo a como les marca una situación.

Por el contrario, hay adultos de avanzada edad, que aún no maduran en muchos aspectos de su vida.

Un ejemplo de madurez, sería el de dos empleados que firmaron un contrato con una empresa que obliga a las dos partes, a cumplir un conjunto de requisitos.

Entre estos requisitos esta, el cubrir un horario de trabajo. El empleado 1, llega tarde cuando menos 5 veces por quincena, y falta cuando menos 2 días al mes sin una justificación valida. El empleado 2, llega todos los días puntual, al grado que tiene bonos por puntualidad, y por supuesto que no falta, y también obtiene bonos por asistencia.

Es el enfoque del compromiso adquirido, entre otras cosas, las que los hace actuar de manera diferente. Si le preguntáramos al empleado uno, el porqué de su impuntualidad y sus faltas. Nos daría una catedra de inmadurez, nos daríamos cuenta que ni por asomo tiene en cuenta que firmó un contrato, y que sería bueno, que hiciera todo lo que está en sus manos para cumplirlo a cabalidad. Y bueno, aunque parece que está de más, con el empleado dos, el probablemente nos diría que es consciente del contrato que firmó, pero no es solo eso lo que tiene en cuenta, también que desea ser productivo, para cuidar la rentabilidad de la empresa para la que trabaja, puesto que es su manera de agradecerle a la empresa por la oportunidad. ¿Han conocido personas así? ¿Qué opinión tienen de la empresa? Yo si he conocido personas así, y cuando escuchas su opinión acerca de la empresa, te puedes dar cuenta que el empleado uno es inmaduro, excusa su rendimiento con el salario que le pagan, el equipo de cómputo que le asignaron, el escritorio, el carácter de su jefe, etc. Por el contrario, el empleado dos, te habla de sus tareas, prácticamente no ha perdido el tiempo fijándose en detalles, que terminan siendo nimiedades.

Un rasgo distintivo, de una persona madura, y que es indispensable para mantener relaciones estables, es que, está consciente de lo que se espera de él, y que esas expectativas que se tienen de él, están en función de un contexto, en el caso del empleado un contrato firmado, con responsabilidades y obligaciones mutuas. Esa conciencia de responsabilidad, aunado al deseo de cumplir compromisos, velar por el bienestar común aportando su granito de arena, la gratitud por lo que se tiene, son características que ayudan mucho a llevar relaciones estrechas, incluidas por supuesto las personales y laborales.

Hasta este punto no entiendo, porque aplicaríamos una regla distinta para con Dios. Si una persona cuyo carácter es inmaduro, nos es difícil de sobre llevar, ¿por qué para Dios no lo sería? Si aún no estoy consciente de la corresponsabilidad que hay en una relación, las personas que tengan trato conmigo, lo notarán y padecerán. Siempre estaré viendo que puedo obtener de la otra persona, sin estar consciente de lo que le puedo aportar. Me pondré como necesitado, como un mártir, o alguien cuyas desgracias le impiden contribuir en algo con las demás personas.

Una persona madura, acostumbrada a dar, consciente de la palabra compromiso, si se acerca a Dios, por obvias razones tendrá distintas expectativas de Él, a comparación de los que se acercan por miedo, por pereza, para sentir que son buenos, por necesidad. Una persona madura buscaría a Dios simplemente para relacionarse con Él, sabiendo que ambos tienen roles y compromisos que cumplir. Si Dios no le contestara de una manera audible, con una voz misteriosa, o no ocurrieran milagros en su vida ¿Le seguiría buscando?

¿Para qué?

El conocimiento en algunos casos como este, es ascendente, como escalar peldaños. Más o menos como cuando tomaste las materias de Matemáticas, no podías ver Álgebra, sin haber aprendido antes Aritmética. Comenzamos definiendo que o quien es Dios, resaltando, características o atributos de su persona. Continuamos hablando claro y directo, preguntándote si en verdad quieres comunicarte con Dios, y si contestaste de manera honesta, seguimos con una pregunta muy difícil. ¿Por qué? Voy a pasarte un tip, Cuando tú preguntas qué o cómo son preguntas superficiales, con Dios utilizaras el por qué. La pregunta por qué busca las causas. Te darás cuenta de algo en los siguientes párrafos, cuando empiece a desarrollar algunos para qué, y es que están muy ligados a los por qué, de hecho, me atrevo a decir sin temor a equivocarme, que tú por qué define tus para qué, o de él surgen. El por qué desnuda tus intenciones, y estas se ven reflejadas en los para qué.

Ahora entraremos de lleno a nuestros terrenos, estábamos en el área que Dios maneja, es decir lo trascendente, lo más profundo de un asunto, en este caso, el indagar en ti la causa que te empuja a intentar comunicarte con Dios. Debe haber una razón en tu vida que te empuja a buscarlo, en español y directo ¿Qué buscas obtener al relacionarte con Él? Leíste bien, ¿que buscas obtener al relacionarte con Dios? En toda relación es bueno preguntarse qué es lo que busco, al intentar relacionarme con tal persona. Si es una mujer, para formar pareja con ella, que busco obtener ¿Compañía? ¿placer físico o sexual? ¿prestigio? ¿Alguien que me ayude en tareas domésticas y comparta gastos conmigo? Podrían ser varios para qué, pero siempre hay uno dominante, y este se ve reflejado, dependiendo de tu grado de satisfacción o frustración. Continuando con el mismo ejemplo, si busco relacionarme con una mujer como pareja, y mi por qué, es el placer físico, si al correr el tiempo, hay reclamos de mi parte, por la cantidad de veces que nos relacionamos sexualmente al mes (alegando que son muy pocas y no hay tanto placer como al principio), o por cuestiones de estética, como el peso, la falta de maquillaje, y estos reclamos son muy frecuentes, y se nota un nivel alto de frustración, entonces uno se podrá percatar del por qué quise formar pareja con esta persona, la causa dominante. Sin más

preámbulos comencemos a desarrollar los para qué.

29

Para sentirme seguro

Una persona cuyo porqué es el miedo, es decir como vimos en el punto del por què, se acerca a Dios por miedo que le ocurra una desgracia de no hacerlo, está buscando seguridad. La vida tiene un nivel de riesgo implícito, hay una cuestión de la cual se debe estar consciente, y es que todos algún día vamos a morir. Esto es parte de la vida. El día, la hora y la forma, creo que son irrelevantes. Si esto es parte de la vida, entonces el día que muera, no me estará ocurriendo, algo que no le pase a todo ser vivo, nacemos, crecemos, por lo regular nos reproducimos y morimos. Si utilizo el sentido común, por qué Dios se tomaría la molestia de meter la mano para adelantar algo que es natural.

El relacionarme o no con Dios, no alargará mi vida, o la acortará. Este enfoque le da a Dios el papel del coco, o en mi caso el del barrendero que me llevaría si no me portaba bien.

Entendiéndose que, dentro de portarse bien, está el intentar relacionarse con Dios. El intentarme relacionar con Dios, con el único fin de no ser castigado por Él, hará de la relación, un carácter muy superficial. Cuando a la persona le ocurra algo, o algún familiar sufra de algo como un accidente, automáticamente lo relacionará con un castigo de parte de Dios.

¿Podrías relacionarte con alguien que te tiene miedo, a ese nivel? ¿podrías relacionarte con una persona a la que tú le temes así?

Vas por la vida tranquilamente y de repente se dirige a ti alguien llorando, te pide perdón, y dice que sabe que su familiar se accidentó, porque no pasó a saludarte un día anterior, se disculpa y te pide que no vuelva a ocurrir.

A su familiar no le ocurrió algo que no sea parte de la vida, cómo se le ocurre pensar que tú tienes algo que ver, y que fue un tipo de venganza de tu parte.

¿Tú crees que el aceptaría algún tipo de consuelo de tu parte, mientras no cambie el concepto que tiene de ti? y aplicado a Dios ¿será que pueda relacionarse bien conmigo, si pienso que es una especie de psicópata, pasando lista todos los días, y quien tiene falta lo castigará?

Para tener cosas que siento que por mis propios medios no puedo obtener

Este para que, abunda sobre manera en la época actual. Hay una especie de obsesión con las posesiones. Si me relaciono con Dios podré tener ese aumento de sueldo, que tanta falta me hace. También podría cambiar de celular, comprarme un auto nuevo. El acercarme a Dios es un plus, él automáticamente me mira como más que mis semejantes, ellos tienen que esforzarse, prepararse, aprender habilidades nuevas, pero yo no, Dios está de mi parte. Esto se ve incluso en gente que lleva muchos años, o eso nos dicen, relacionándose con Dios, te dicen que, por medio de obediencia, (por lo regular es dar dinero a una institución religiosa), él te dará eso que tanto deseas, salud, dinero, una casa nueva. La cultura del trabajo duro y honrado, la dedicación en tu oficio, el ahorro, no están muy de moda actualmente.

Si va uno por la vida buscando el camino fácil, es duro dar las cucharadas de realidad, en esta vida las cosas que valen la pena cuestan esfuerzo, no hay algo así como fácil. Eso incluye una relación estrecha, con todos (si también incluye a Dios). Las buenas relaciones, las que valen la pena, exigen esfuerzo, se cultivan, si enfoco que una relación es el medio para obtener cosas de manera más fácil, aparte de ser maquiavélico el asunto (por aquello del fin justifica los medios), cierra toda posibilidad de tener una relación estrecha, y si con los simples mortales ocurre así, imagínate como será con alguien que pos definición lo sabe todo (incluyendo mis intenciones). ¿Qué pasara si solo busco a Dios como un medio para obtener beneficios, y este "me niega lo que le pido"?

Para aliviar las culpas

Otro de los males actuales, y no digo que no existiera esto en otra época, pero en esta se ha multiplicado como moscas, es la neurosis. Esta se caracteriza por una falta de adaptación al medio en el que nos corresponde vivir. Un neurótico desea que le adapten el medio, que la gente cambie. La neurosis tiene dos componentes en los que se ancla, y estos son el miedo y la culpa. La culpa es una sensación de deuda, hice algo que causo daño a otra persona o personas. Para poder vivir sin remordimientos, puedo contarme una historia en la cabeza, para sobrellevar la incomodidad.

Por ejemplo, alguien le debe al banco, deja de pagar. Y se dice así mismo, son unos usureros, de hecho si tomamos en cuenta los intereses que les pagué, si cubrí el préstamo, lo que pasa es que son unos avariciosos. ¿Cómo mitigaría el dolor si se relacionara con Dios, con el fin de tratar de mitigar a un más la culpa? Simple, podría buscar algún pasaje, en un libro sagrado, sacarlo de contexto y decir, aquí se menciona que Dios prohíbe la usura, y cobrar interés sobre interés.

La cosa puede ponerse más pesada, cuando hablamos de personas. Si ya cuando son cosas materiales, en donde hay un contrato de deuda firmado, donde se estipulan los términos, y me rehúso a pagar. ¿Qué ocurrirá con las personas que se relacionan conmigo y han sufrido algún tipo de agravio? Pues aquí hay un buen número de excusas, a veces todo se arregla con un simple lo siento. Pero igual y prefiero decir que la otra persona es la culpable, y peor si no tiene él o ella una relación con Dios, puedo atribuir a ese motivo la causa del problema.

Si soy propenso a vivir con culpas, resultado de acciones que hice en el pasado, y no estoy dispuesto a reparar agravios, o daños, qué me asegura que no podría ocurrir lo mismo con todas mis relaciones, incluyendo Dios. Si hubiera alguna situación en la que no me viera favorecido, con respecto a Dios, y me sintiera culpable por ello, ¿podría asegurar que no reaccionaria como siempre, diciendo en tal caso que es Dios el que no comprende?

Para que haga un milagro en mi vida

Seguimos con expectativas muy peligrosas. Un milagro es definido como la intervención de Dios, en un hecho, para romper un suceso natural.

Ejemplos: Una persona con una enfermedad diagnosticada como terminal, y de pronto sana, sin alguna explicación médica. El enfermo o los familiares comentan abiertamente, que se lo estuvieron pidiendo a Dios, y el intervino milagrosamente. Quiero hacer una aclaración que considero pertinente, no digo que existan o no los milagros, o que sea bueno o malo pedirle a Dios que intervenga.

Hablo del hecho de basar toda la relación en que haga o no un milagro. Un segundo ejemplo; Tengo una deuda que no puedo pagar al banco, resulta ser que un amigo conoce al gerente general de dicho banco. Si me lo presentara, y mi única intención es pedirle que interceda, que con su influencia me otorgue otra prórroga.

El gerente podría decir que si o que no, pero el asentar la relación solo en eso, la hará en todo caso frágil si no es que imposible. Es una situación perder-perder para el gerente. Por un lado, si me otorga la prórroga, se arriesga a que yo no pueda pagar a pesar de ello, y lo vuelva a buscar para que intervenga. Si no sede, aunque yo insista e insista, cuando lleguen las consecuencias, y note que no me quiso ayudar, igual y hasta lo termino culpando. Lo mismo pasaría con Dios, si me acerco de repente, porque mi intención solo es que me libré de una situación desesperante, pues si lo hace, quizà yo sigo actuando igual, si no hace lo que le pido, podría por frustración tacharlo de mezquino. ¿Se podría tener una relación estrecha, con una persona que me pide algo que rompe con el ciclo natural de la vida? ¿No tiene otro interés que ese?

Para aliviar la soledad

No hay peor soledad, que la soledad acompañado. Estar rodeado de personas y no poder generar la empatía suficiente, como para tener una relación estrecha. Voy por la vida buscando algún lugar al que pueda decir que pertenezco. Aunado a lo anterior, los seres humanos tenemos dos mundos, uno interno y otro externo.

Es en el mundo interno en donde habita la soledad. Sentir que parece que no existe en esta vida alguien que nos comprenda, pero sobre todo nos acepte tal cual somos. De repente, conoces a un grupo de personas que te hablan de Dios.

Los escuchas y sin querer, te vas metiendo en ese mundo, en donde con el simple hecho de hacer rituales, y hablar de algunos textos, ya tienes un grupo de amigos. Empiezas a confundirte, no es lo mismo hablar de Dios, que hablarle a Dios.

Tampoco se compara hablarle a Dios, con el hecho de tener una comunicación fluida con Él. Al voltear la cara, sin darte cuenta, parece que te estas relacionando con Dios, todos los que te miran lo creen así. Pero en el fondo, tú sabes y sientes que no es así. Porque al llegar a tu casa, al estar solo otra vez, experimentas el mismo vacío y sentimiento de falta de aceptación y suficiencia de siempre.

Venimos a esta vida solos y solos nos iremos. La soledad es parte del paquete. Las demás personas son solo compañeros de viaje, ellos tomarán sus propias decisiones. El no saber sobre llevar la soledad y darle más importancia de la que merece, puede incluso hacer que nos metamos en relaciones peligrosas, con tal de sentir que alguien en esta vida está con nosotros, que compaginamos con alguien. Históricamente las personas, que son vistas como muy espirituales, tienden a rehuir la compañía, buscan la soledad, para poder fluir con ellos mismos y comunicarse con la deidad.

Qué pasará cuando una persona, que basa toda su relación con Dios, en buscar compañía, de más personas que dicen tener el mismo enfoque de Dios que él, si estas personas por alguna razón se apartan de su vida. Tendría que buscar a Dios a tientas, y se percataría que por más rituales que practicara, cuando estaba en su religión, en casa, en la soledad, honestamente nunca busco a Dios, y su relación prácticamente es inexistente sin una religión de por medio. ¿Podrías llevar una relación con alguien, que solo está contigo, porque se lleva bien con algunos conocidos tuyos? ¿Cómo te sentirías si el solo te habla o finge hablarte cuando están ellos?

Para convivir con Él

Así de simple, como son las cosas que valen la pena en esta vida. Estas en un lugar, digamos un convivio, y de la nada te dan ganas de platicar, hay otra persona que tiene ese mismo deseo. Te escucha lo escuchas, y de repente, sin darte cuenta haces una amistad con él o ella. Pasan los años y continúan esa amistad, que surgió de un simple interés de platicar, de conocerse. Igual y han tenido desacuerdos en el camino, no todo ha sido miel sobre hojuelas, pero valoras su amistad, es alguien que ha estado contigo, a pesar de tus defectos y eso no tiene precio. ¿Por qué no podría pasar lo mismo con Dios? Un día de la nada (o así parece), decides intentar entablar contacto con Él. No te interesa lo que las demás personas piensen, o si estas violando miles de tratados religiosos y teológicos, tienes el simple deseo de platicar con él. No tienes expectativas, así que lo que salga es bueno. Bajo este enfoque ¿Crees que podrías sufrir algún tipo de desilusión?

¿Qué concepto tengo de Él?

Buenos ya avanzamos en este asunto, basados en una definición de Dios, que no está tomada de alguna religión en específico. Definimos por qué quiero comunicarme con Dios, y también para qué. Esto está allanando el camino, podemos continuar ahora con el concepto que tengo de Dios.

Si yo te pidiera que me dieras una definición personal, basado únicamente en tu experiencia, ¿podrías hacerlo? La intención de esto no es torturarte, más bien es saber, si el concepto en el que lo tienes, proviene de tu experiencia directa, o más bien de lo que te han dicho de Él.

Este concepto te puede predisponer, generarte expectativas irreales. Creo que este punto ha frustrado a muchas personas.

Ejemplo les dijeron que Dios es bueno, y ellos entienden que bueno y permisivo son sinónimos.

Que Él ayuda a los que se lo piden, y entienden que hará por ellos cosas que ellos deben hacer por sí mismos. Si pones atención, te darás cuenta que sigo bajo el mismo enfoque, porque con Dios tendría que ser distinto que con otras personas. Uno de los ejemplos que cité, fue el contestar esta misma pregunta, pero con tu jefe nuevo en la empresa. Si no haz convivido con él, como crees que podrías conocerlo por medio de terceros. Si te dicen que es intolerante, a que se refieren con eso. Igual y en alguna situación mostró autoridad, y era lo que debía hacer, un subordinado lo tomo a mal, no a todos nos gusta que nos llamen la atención. Por más información que recabes de tu jefe u otra persona, incluido Dios, no podrás conocerlo hasta que convivas con Él. Esta convivencia debe ser en varias situaciones, solo así, con el correr del tiempo, iras formándote una opinión más certera de cómo es esa persona.

Parece extraño que haga una comparación, entre tu jefe y Dios, esto puede rayar para algunos en herejía. Pero guardando las distancias los dos son personas, y tienen una visión distinta a la tuya en muchas cosas.

El tratar de definir como es Dios, como persona, solamente basándote en tu experiencia, convivencia directa con Él, es algo que no es fácil. Se habla tanto de Él que más bien damos definiciones. Imagínate lo siguiente, te pido que me cuentes como es tu mejor amigo como persona y contestas lo siguiente: Tiene 40 años, mide 1.70, tiene sobre peso, es mortal, está limitado por el espacio tiempo, tiene muchos defectos entiéndase, no es perfecto, también es incapaz de hacer muchas cosas. Esta descripción es más o menos la que se ofrece en algunos libros de teología. Lo curioso del asunto, es que cuando tú les preguntas de dónde sacaron esa descripción de Dios, te dicen que de un libro sagrado. Al consultar ese libro, nos dice lo siguiente:

a) Dios es Eterno

b) Dios es Omnipotente

c) Dios es omnisciente

d) Dios es el dueño y Señor de todo

Esto no viene tal cual, más bien te narra historias, en donde se relata la relación de Dios con algunos hombres y mujeres de la historia.

Así es, hombres y mujeres relacionándose con Dios, guardando las proporciones, como con cualquier otra persona. Y este libro te muestra de todo, como ambas partes de repente hacían algo que les molestaba, los hombres tenían expectativas equivocadas, etc. ¿Por què si el libro sagrado invita a conocer a Dios por medio de una relación, las religiones no invitan a eso? ¿Por què ofrecen más bien un sistema? En este libro hay una cosa que siempre llamó mi atención, y es que a pesar de ser distintas personas las que se relacionaban con Dios, y en distintas épocas, todas lo describían como persona igual. Si tu lees este libro y te centras solo en eso, la relación entre Dios y los distintos personajes, te darás cuenta de que todos lo describen igual. Y este libro compuesto de varios libros, fue escrito por varios autores en distintas épocas, a veces con siglos de diferencia y conservan una unidad de pensamiento, con respecto a la forma de ser de Dios que no he visto en otros escritos.

Bueno, sin desviarme del tema, la única manera de conocer realmente a una persona y formarte un concepto lo más acertado de ella, es conviviendo, no hay más.

¿Estoy dispuesto a cambiar el concepto que tengo de Él?

¿En base a que cambiaría ese concepto?

Te presentan a una persona en la reunión anual del trabajo. Lo conoces de vista, y no tiene buena fama. La persona que te lo presentó, te dice un día después, que si saldrías con el chico que te presentó en la reunión. Contestas que no, él te dice que es a una cena, que iràn más personas, le dices honestamente que no tienes buenas referencias. El insiste en que, vayas y lo conoces por ti misma, que es su amigo y para nada es como te lo han pintado. Al final cedes. Y como resultado, convives con él, y resulta ser que al año terminan casándose. Solo hasta que ella estuvo dispuesta a conocerlo, haciendo a un lado el mal concepto en el que lo tenía, es que pudo conocerlo y llevar una buena relación con él, incluso al nivel de elegirlo como compañero de vida.

Si estás dispuesto a cambiar el concepto que tienes de Dios no es lo difícil. Intentar formarse una idea, o concepto más real de Dios, basado en la experiencia, ese es en sí el reto principal. Y no te habló de rituales, afiliaciones, o actividades, que al final mucha gente puede hacer. Te hablo de con honestidad buscarle, con el motivo principal de conocerle.

Conclusión

Como te mencione, desde el inicio de este escrito, no te ofrecería un método como tal, más bien un enfoque diferente. Y creo sin lugar a dudas que lo hice. Te aclararé algunas cosas que igual y pueden estar pasando por tu mente.

No niego la deidad

Al decir que puedes acercarte a Dios, como a cualquier otra persona, no estoy diciendo que esto le quite sus atributos.

Él tomará la iniciativa

El enfoque que te ofrezco, rompe con la visión teológica convencional, en donde no ofrecen algún tipo de mérito al ser humano que se acerca a Dios. Concuerdo en que no hay mérito alguno, pero prefiero presentar la versión en donde el hombre puede acercarse a Dios, sin necesidad de que el intervenga en ello (porque a nivel experiencia sensitiva es lo que percibimos).

No estoy en contra de las religiones ni personas que las practican

Respeto la manera de pensar de las demás personas, al igual que sus credos, no estoy diciendo que sus metodologías estén bien o mal, aplica lo mismo para su comportamiento. Simplemente planteo, que por hacer tanto énfasis en los atributos de Dios, lo quitan del que parece ser el más importante: Relacionarse con Dios.

No puedo irme sin antes contestar esta pregunta

No evadiré el tema, puesto que la parte mas importante en la comunicación con las personas visibles, es si estas me escuchan. De hecho cuantas parejas no tienen problemas, por ese detalle. Es común que una o ambas partes se quejen, de que no son escuchados. Con Dios pasa lo contrario, le habló, me escucha, pero no me contesta (o al menos esa impresión me da).

Hagamos una distinción una cosa es hablar de Dios, y esto se hace, desde varios puntos de vista, describen a Dios, hablan de Él. También está en el menú el hablar con Él. Cuantas personas no conoces que te dicen con firmeza, que tienen por costumbre, orar o rezar. El asunto que nos atañe, no es si solo puedo hablar con Él, es si en verdad me escucha, y si lo hace, pues me responde. Como sabré si la comunicación es a dos vías, es decir los dos nos hablamos.

De forma más clara y directa, la pregunta más hecha y rebuscada, con respecto a este tema, ¿Cómo puedo escuchar la voz de Dios? ¿Recuerdas lo que te comenté en un principio? Cuando tenía 10 meses, había personas adultas intentando comunicarse conmigo, yo no entendía lo que decían a su nivel. Relacionaba todos los regalos con uno solo, y todos los castigos con un mismo evento. Conforme fui creciendo, y conociendo a estas personas, me di cuenta que estaba en un error. Todo este proceso, de contestar preguntas trascendentales, enfocadas a Dios, es para poder retirar, precisamente todo aquello que puede estorbarme, a la hora de relacionarme con Dios.

- Prejuicios

- Temores

- Ideales equivocados

- Esperar solo eventos en el plano sensitivo

El último punto que te planteo, el esperar eventos solo en el plano de los 5 sentidos, es precisamente una de las causas por las cuales, las personas dicen no poder escuchar a Dios.

Tienes un par de radios de comunicación, pones uno en el canal 3 y el otro en el canal 6. ¿Podrán mantener dos personas una comunicación con estos radios? La respuesta es obvia, no, y la razón es muy simple, porque están en otro canal.

Todo el enfoque, te ayuda de entrada a ponerte en el mismo canal de comunicación que Él. Si estas esperando que te hable por el canal de los cinco sentidos, tienes unas expectativas algo irreales. No entraré en debate, si puede hacerlo o no, más bien, ¿porque no mover yo mi canal? Toda la comunicación se dará en el plano de tu espíritu, en tu interior, si aquietas tus pensamientos, y tienes la intención de escucharlo, créeme que lo harás. Pero haré una vez más énfasis, si tienes en verdad la intención de comunicarte con Él.

Algo que puede ayudarte, es recordar que la palabra comunicación, lleva implícita otra, y es la palabra común. En este sentido, a mi parecer y experiencia el ser humano, busca en cosas externas algo en común con Dios.

Y por lo regular es la afiliación a una religión. Piensan que el pertenecer a una religión y abrazar una serie de creencias, garantiza una buena comunicación con Dios. Esto en la práctica no es así. Todos tenemos familiares, con los cuales no llevamos una relación estrecha, rara vez nos vemos o comunicamos con ellos. El apellido no garantiza una relación estrecha. Lo que te planteo es más simple, pero no por ello poco efectivo. Revisa en tu interior, que en verdad tengas el deseo de comunicarte con Él, que ese sea tu elemento en común con Dios.

Cuando se da la comunicación, lo difícil no es en sí escucharle en el interior, lo difícil en verdad es tener el deseo ferviente de conocerle.

Una última reflexión, las personas que escucho o leo que comentan que Dios no les habla, les preguntaría ¿No te habla? O ¿en realidad es que tu no quieres escucharle? Y lo que te impide escucharle es que en el fondo, en ese lugar al que ningún otro ser humano puede llegar.

Ese sitio, en donde tomas las decisiones, en donde sabes que, aunque estas diciendo que si lo harás, en el fondo ya decidiste que no lo harás, y puedes engañar a todos, pero a ti no puedes engañarte, ese sitio, es el que llaman espíritu, si tu pones en ese sitio el deseo honesto de hablar con Él, en ese mismo sitio te contestará.

No es que Dios la ponga difícil, es que en esencia es un ser espiritual.

Agradecimiento y deseos finales

Te agradezco el haber adquirido este escrito. No es la verdad absoluta, irrefutable, sobre la comunicación de Dios con el hombre. Si lo leíste con una mente abierta, podrás tomar cosas que te sean útiles, las que no, simplemente deséchalas. Te deseo de todo corazón, que puedas conocerle, y si ya lo conoces, que tu relación con el siga creciendo.